COMPRENDRE
LA LITTÉRATURE

PRÉVERT

Paroles

Étude de l'oeuvre

© Comprendre la littérature.

22 rue Gabrielle Josserand - 93500 Pantin.

ISBN 978-2-75930-348-9

Dépôt légal : Septembre 2023

Impression Books on Demand GmbH

In de Tarpen 42

22848 Norderstedt, Allemagne

SOMMAIRE

- Biographie de Jacques Prévert 9

- Présentation de *Paroles* 15

- Résumé du recueil 19

- Les raisons du succès 37

- Les thèmes principaux 41

- Étude du mouvement littéraire 45

- Dans la même collection 49

BIOGRAPHIE DE
JACQUES PRÉVERT

Jacques Prévert est né le 4 février 1900 à Neuilly-sur-Seine, près de Paris. D'origine bretonne du côté de son père, André, et auvergnat du côté de sa mère, née Suzanne Catusse, il est éduqué dans un milieu populaire. Installé à Paris, il fréquente l'école communale où il semble s'ennuyer. Son certificat d'études en poche, il quitte l'école à 15 ans et enchaîne alors les emplois précaires. L'influence de son père est essentielle pour comprendre l'œuvre de Prévert. Pour nourrir sa famille, il élabore bon nombre de petites combines, profitant bien souvent des « bonnes œuvres » qui relayent la charité chrétienne dans les villes françaises. De là naîtra la volonté marquée de ridiculiser le milieu clérical, ses dogmes et ses représentants. Le même père, critique dramatique et cinématographique à ses heures, l'emmène aussi tout au long de sa jeunesse au théâtre grâce aux « billets de faveur ». Le poète n'oubliera jamais la force des arts de la scène, leur capacité à transmettre un discours, leur vitalité intrinsèque et la magnificence de l'oralité.

Né avec le siècle, il en porte les stigmates et s'engage dans les questions et les mouvements artistiques de son époque, en gardant à chaque fois une grande liberté. Alors qu'il travaille aux Grands Magasins du Bon Marché, où il passe pour un employé peu zélé, il est mobilisé en 1918, peu de temps avant la fin de la guerre. Celle-ci terminée, il est envoyé à Istanbul, où il rencontrera Marcel Duhamel, pour terminer son service. C'est au retour de l'armée qu'il fait la connaissance des premiers surréalistes qu'il fréquentera un temps, plus par amitié à l'égard de certains de ses membres que pour répondre favorablement à une révolution poétique. Peu enclin à se plier au prosélytisme qu'exprime André Breton, il forme un cercle marginal et bohème, le « groupe de la rue du Château », qui réunit Yves Tanguy, Marcel Duhamel et, plus tard, Raymond

Queneau. Inventeur de l'expression « cadavre exquis » qui définit le jeu littéraire auquel ses amis poètes et lui s'adonnent, il reste proche du mouvement surréaliste pendant une dizaine d'années, avant de rompre définitivement en 1930 avec l'auteur de *Nadja*.

Attiré par la force lyrique des images et incité par son frère Pierre, cinéaste de métier, il fait une entrée remarquée dans le monde du septième art en se faisant dialoguiste et en participant à la réalisation de quelques-uns des plus grands films des années 1930, auprès des réalisateurs français les plus en vue à l'époque : Jean Renoir (*Le Crime de M. Lange*, 1935), mais surtout Marcel Carné (*Drôle de drame*, 1937 ; *Quai des brumes*, 1938 ; *Les Visiteurs du soir*, 1942 ; *Les Enfants du Paradis*, 1944 ; *Les Portes de la nuit*, 1946). Pendant la guerre, il s'exile en zone libre, puis, la Libération venue, habite Saint-Paul-de-Vence, près de Grasse, dans les Alpes-Maritimes. Revenu à Paris, il s'installe au pied de la butte Montmartre dans un appartement rendu célèbre par le joyeux « bordel » qu'il enfermait, mais aussi parce qu'il devient le voisin de palier de Boris Vian. Divorcé de sa première femme, Simone Dienne, il épouse Janine Tricotet en 1947, quelques mois après la naissance de leur fille Michèle.

Au milieu de tout cela, Jacques Prévert parvient aussi à se faire un nom comme poète. S'il ne publie aucun ouvrage avant la seconde guerre mondiale, son activité est tout de même notable. C'est vrai qu'il ne se soucie guère de rassembler en recueil les nombreux textes qu'il fait paraître dans les revues littéraires dirigées par ses amis. Sa reconnaissance passe, une nouvelle fois, par la scène et par la voix des autres. En 1935, Joseph Kosma est en effet le premier à mettre en musique ses poèmes (*À la belle étoile*, *Les Feuilles mortes*, *Démons et merveilles*, *Chasse à l'enfant*...). Des chanteurs célèbres lui feront par la suite l'honneur de les interpréter : Agnès Capri, Juliette Gréco ou encore Yves Montand. En 1946, René Bertelé prend en charge la constitution de Paroles, le premier recueil de poésie de Jacques Prévert. Le succès populaire sera au rendez-vous et d'autres publications suivront, dont les plus connues sont certainement *La Pluie et le Beau Temps* (1955), *Fatras* (1966), *Imaginaires* (1970) et *Choses et Autres* (1972).

Auteur extrêmement moderne, il publie aussi six livres pour enfants : *Contes pour enfants pas sages* (1947), *Le Petit Lion* (1947), *Des Bêtes* (1950), *Lettre des îles Baladar* (1952), *Guignol* (1952) et *L'Opéra de la lune* (1953). Par ailleurs, son goût pour l'image, pour les univers enfantins et pour l'humour le mène à la confection d'insolites collages exposés en 1957 à la célèbre galerie Maeght. Proche de peintres de renom tels Picasso, Miró, Braque, Ernst ou Chagall, il publie une dizaine de livres d'art qui mettent en scène ses créations plastiques, dont les plus connus sont *Le Grand Bal de printemps* (1951), *Charmes de Londres* (1952), *Fêtes* ou *Les Chiens ont soif*. Pour terminer ce tour d'horizon d'une œuvre éminemment éclectique, il est bon de préciser que Prévert s'est aussi prêté à l'écriture théâtrale, notamment dans le cadre de son activité avec le groupe ouvrier Octobre. Ses courtes saynètes sont rassemblées dans le recueil *Spectacle* (1951).

Poète populaire dans le sens le plus noble du terme, il s'engage toute sa vie pour la démocratisation du savoir et lutte contre l'élitisme intellectuel. Ne souhaitant adhérer à toute idée de mouvement littéraire, mais aussi à toute étiquette politique, sa pertinence réside très certainement dans sa liberté poétique qu'il ne cessera de concrétiser jusqu'à la fin de sa vie.

Au début des années 1970, il acquiert, sur le conseil de son ami décorateur Alexandre Trauner, une maison à Omonville-la-Petite, près du cap de la Hague, dans la Manche. Fumeur invétéré immortalisé par la célèbre photographie de Robert Doisneau (*Jacques Prévert*, 1955), il meurt des suites d'un cancer des poumons le 11 avril 1977, laissant derrière lui une œuvre riche et inclassable.

PRÉSENTATION DE PAROLES

La vie du plus célèbre des recueils de Prévert pourrait être scindée en deux, avant et après sa publication. En effet, les poèmes de l'auteur ont eu une première vie avant la seconde guerre mondiale, et sont déjà connus des lecteurs et des spectateurs des années 1930. On les récite dans les cafés, on les chante parfois, on les voit souvent accrochés sur les murs de Paris. Dans le recueil, on retrouve, à la suite de certains de ces poèmes, le nom de la revue d'où ils sont tirés. C'est le cas de « Souvenirs de famille ou l'ange garde-chiourme », paru dans la revue *Bifur* en 1930, de « Tentative de description d'un dîner de têtes à Paris-France », publié dans la célèbre revue *Commerce* (fondée par Paul Valéry) grâce à l'intervention de Saint-John Perse, d'« Événements », édité dans les *Cahiers GLM* en 1937 ou de « La crosse en l'air » dont la renommée commence dans les colonnes de Soutes en 1936.

Il ne faut donc pas s'y tromper : malgré sa date de parution, le contexte de ces 94 poèmes (78 lors de la première édition) est celui des années 1930. L'entre-deux-guerres, l'anticléricalisme, les grandes causes sociales, mais aussi la montée des totalitarismes, les scandales de la presse et de la finance, la crise économique ou la guerre qui s'annonce : voilà autant de thèmes, autant de traits qui caractérisent dix ans d'actualité et éclairent l'écriture engagée, pour ne pas dire passionnée, de Prévert. Deux poèmes sont toutefois plus tardifs et rédigés au cours de la seconde guerre mondiale.

L'histoire de la parution de *Paroles* est plus chaotique, plus difficile à retracer. Jusque-là, Prévert est un poète de revue (un peu) et un poète des rues (surtout), dont la reconnaissance se fait par la transmission orale. Ces poèmes sont populaires et il existe autant de versions que de personnes qui prennent en charge leurs « récitations ». Par ailleurs, avant 1945, Prévert n'a été édité qu'une seule fois. C'était en 1944, à l'occasion d'un recueil clandestin constitué par un professeur de philosophie à Reims, Emmanuel Peillet qui, sur l'idée de ses élèves, prépare un tirage artisanal de deux cents exemplaires de huit poèmes. Le caractère hétéroclite des textes, le fait qu'ils soient dispersés dans les poches des amis de Prévert, ne fait pas peur à René Bertelé, un professeur de lettres qui a rencontré le poète en 1942 et qui, depuis, a fondé une petite maison d'édition, le Point du Jour. Il parvient (certes difficilement) à convaincre Prévert de publier et réussit (avec l'aide de l'auteur) à réunir et à organiser les poèmes : *Paroles* sort en librairie le 10 mai 1946 et connaît un succès rapide, fulgurant même. Une seconde édition, complétée par seize poèmes, sortira un an plus tard.

L'ensemble est pluriel, ne serait-ce que par les formes qui sont convoquées : on retrouve des récits en prose (« Souvenirs de famille... »), des textes qui semblent faits pour être chantés (« La Pêche à la baleine », « Je suis comme je suis »), des petits ensembles qui ressemblent fort à des haïkus (poèmes japonais de trois vers et de dix-sept pieds ; « L'Automne », « Le Grand Homme »), des devinettes ou des « traits d'esprit » (« L'Amiral », « Les Paris stupides »), des poèmes tendres (« Pour toi mon amour », « Cet amour »), des saynètes théâtrales (« L'Accent grave »), des drames courts (« Rue de Seine », « L'Ordre nouveau »), des instantanés, des inventaires... Il y a toutefois une vraie logique dans les choix d'agencement (qui ne respectent pas la chronologie d'écriture) : du premier poème, le dur et agressif « Tentative de description d'un dîner de têtes à Paris-France », jusqu'au dernier, « Promenade de Picasso » (dans l'édition de 1946), on chemine doucement, presque par étapes, vers un message d'espoir propre à l'optimisme de Prévert. Et puis tous sans exception se rangent sous le titre *Paroles* : ils sont d'un style tranchant et mettent en scène l'éloquence, le phrasé et la gouaille de leur poète.

RÉSUMÉ DU RECUEIL

Les thèmes sous lesquels nous avons rangé une grande partie des poèmes de Paroles ne sont pas hermétiques, loin de là. Il arrive souvent qu'un seul poème en traite deux, voire plusieurs à la fois.

Paris, Parisiens, quotidien : les années 1930

« J'en ai vu plusieurs… »

Dans ce poème, Prévert ne décrit pas un lieu précis de Paris, mais se fait l'observateur d'une vie où des personnages et des situations se succèdent : un homme assis sur un chapeau, un autre cherchant le sien, quelqu'un qui lit le journal, un autre qui salue les drapeaux, un chien, une personne triste… Prévert tente par là de capter la poésie du quotidien.

« Rue de Seine »

Rue de Seine, un soir. Un homme semble avoir envie de partir. Une femme, quant à elle, ressent un fort désir de vivre. Le poète décrit la situation, les remarques et les mouvements des deux êtres qui, au-delà du quotidien, paraissent partager un moment essentiel de leur existence.

« La Belle Saison »

Par un court poème de six vers, Prévert décrit une situation : une jeune fille pauvre, glacée, au milieu de la place de la Concorde, un 15 août.

« Fête foraine »

En faisant l'inventaire des personnes qui la peuplent,

Prévert montre la joie et, plus largement encore, la vie simple qui anime la fête foraine.

« Dimanche »

Situation « surréaliste » rue des Gobelins : le poète se promène main dans la main avec une statue de marbre, les cinémas sont pleins, les oiseaux les regardent. Ils s'embrassent, un enfant aveugle les montre du doigt.

« Paris At Night »

Paris, la nuit. Trois allumettes pour voir le visage, les yeux puis la bouche de l'être aimé. Et de nouveau l'obscurité pour vivre l'étreinte et le souvenir du bonheur.

« La Rue de Buci maintenant… »

La description de la rue de Buci à la Libération est l'occasion d'évoquer les souvenirs d'un quartier auparavant si vivant, mais qui a été ravagé par la guerre et déserté par ses habitants. Au-delà du constat amer, le poète finit sur une note d'espoir, rappelant la liberté retrouvée.

« Place du Carrousel »

La place du Carrousel est le théâtre d'une scène que le poète juge extrêmement triste. Il regarde en effet un cheval blessé et l'impuissance de la voiture et du cocher face à la mort annoncée de l'animal.

Prévert l'anticlérical

« Pater Noster »

Attaque presque « frontale » de l'Église par une modification de sa célèbre prière. Prévert fait une distinction entre le ciel et la Terre, si belle malgré ses défauts, qu'on peut encore mieux apprécier en athée.

« La Crosse en l'air »

Partant d'une situation peu favorable aux hommes d'Église (un évêque, saoul et assis dans la rue, vomit dans le caniveau alors qu'un chien le regarde), Prévert fustige les compromissions de Rome avec la dictature fasciste de Mussolini (le poème est écrit en 1936). Les images et les attaques sont d'une rare violence, même pour un poète aussi engagé que Prévert.

« La Cène »

En quatre vers, Prévert met à mal une image d'Épinal de l'Église chrétienne : celle de la Cène (le dernier repas de Jésus-Christ avec les apôtres), où tous les convives n'ont pas faim. Tous sont ainsi ramenés à leur condition humaine.

« Écritures saintes »

Dans ce long poème, Prévert désacralise l'image de Dieu, du Christ et du Diable. Ce dernier est un lièvre, triste parce qu'il n'a que le feu pour lui ; le fils de Dieu, quant à lui, est un civet qui s'est remis sur pied en montant au ciel. Dieu est tour à tour un grand lapin, un prêteur sur gage, un voyageur qui prend toute la place dans les wagons et une grosse dinde de Noël qui se « fait manger par les riches ».

« Vous allez voir ce que vous allez voir »

En comparant une femme nue se baignant à un homme barbu (Jésus) marchant sur l'eau, Prévert met à mal dans ce court poème (4 vers libres) les images chrétiennes et se situe résolument du côté des beautés qu'on trouve ici et maintenant sur Terre.

« Le Combat avec l'ange »

Ce court poème (16 vers libres) pourrait se ranger aussi bien aux côtés des poèmes qui expriment l'engagement social de Prévert qu'ici, avec les textes qui fustigent l'Église catholique. En reprenant un passage de la Genèse (le combat entre Jacob et l'ange envoyé par Dieu), le poète fait du texte sacré un appel à la lutte contre toutes les oppressions, y compris celles de la religion.

« Noces et banquets »

Un boucher pleure dans une église la mort de son oiseau. On y fête le mariage du Ciel et de l'Enfer. William Blake, le poète anglais, est garçon d'honneur. Il souligne les contradictions du Saint-Esprit et garde son chapeau dans le lieu de culte. Il aperçoit une femme nue, se fiche des conventions et, au son d'une musique qui n'affiche plus la solennité propre à une messe, lui donne amoureusement le bras.

L'absurde et meurtrière armée

« Familiale »

Le quotidien d'une famille où tout est « naturel » : la mère tricote, le père fait des affaires et le fils est parti à la guerre. Il doit rentrer, mais il meurt, c'est naturel. Alors, tout naturellement, le quotidien reprend son cours, avec juste quelques passages au cimetière.

« Histoire du cheval »

Au cours d'un long poème en vers libres, un cheval raconte la campagne de son général, la bêtise de la guerre où la famine se fait sentir et les soldats qu'il faisait saliver pour la viande qu'il représentait. Le cheval s'enfuit et le général meurt au combat.

« Le Temps des noyaux »

Long poème sur les morts au combat, ces fils qu'on a « laissés glisser dans la boue tricolore ». Par l'invective, le poème s'adresse directement à des interlocuteurs, les exhorte à ne pas réitérer les erreurs du passé et en appelle à la fête pour les générations à venir.

« Quartier libre »

Un petit poème qui reprend la situation du salut militaire. Un homme enlève son képi et porte un oiseau à la place. Le commandant lui fait savoir qu'il voudrait le voir saluer les gradés. L'oiseau lui répond qu'on ne salue plus et le commandant, qui voit ainsi la hiérarchie brisée, s'excuse.

« L'Épopée »

On suit un invalide qui traîne le tombereau de l'empereur. L'histoire lui a volé ses deux jambes et il marche dorénavant sur les mains. Les jambes se promènent ailleurs et, lorsqu'elles se rencontrent, se donnent des coups de pied : absurdité de la guerre.

« Le Sultan »

Le sultan de Salamandragore vit dans les montagnes du Cachemire. Il passe ses journées à tuer et ses nuits à dormir, mais il est hanté par ses victimes. Il décide alors de demander à son bourreau de tuer tout le monde : s'il n'y a pas de vivants, il n'y a pas de morts. Le bourreau s'exécute et le sultan est soulagé. Il lui demande toutefois de le tuer si, par malheur, il venait à s'endormir.

« Barbara »

Le souvenir d'une femme qu'il a croisée avant la guerre, qui était enlacée avec l'élu de son cœur, est l'occasion pour le poète de parler des affres de la guerre, de la mort probable de l'amant, peut-être même de celle de Barbara, et de la destruction de Brest, ville qui vivait sous une « pluie sage et heureuse » et qui est passée sous « la pluie de fer ».

« L'Amiral »

Quatre très courts vers (6 / 4 / 4 / 6 / 4) pour montrer le peu d'utilité d'un militaire pourtant si gradé.

Luttes sociales et politiques : Prévert l'engagé

« Tentative de description d'un dîner de têtes à Paris-France »

Ce long poème mêle différents types d'écriture : l'inventaire, le dialogue, la prose poétique. On se retrouve face à un collage comme les monte Prévert sur la toile, présentant la politique au milieu d'un décor fantastique et burlesque. Le but est de railler les dirigeants français et leur incapacité à écouter les problèmes du peuple, trop occupés qu'ils sont à leur dîner du dimanche.

« Souvenirs de famille ou l'ange garde-chiourme »

Dans ce long poème qui est en fait un récit, le poète évoque des souvenirs, mais refait surtout le trajet d'une famille française, contrainte dans une politique contestable et dans une institution catholique qui l'est tout autant. Les honneurs du père, de même que le discours de l'abbé, sont en inadéquation avec les besoins réels du peuple qu'on entend gronder au loin.

« Retour au pays »

Ce poème sombre repose sur une situation tragique. Un breton rentre chez lui et a perdu toutes ses habitudes, n'a plus le goût ni des crêpes ni des cigarettes. Il se souvient de la prédiction de son oncle, qui lui avait dit qu'il finirait sur l'échafaud. Il s'est donc interdit de vivre et, par haine et par colère, va tuer son oncle, avant d'être condamné à mort. Avant son exécution, il mange des crêpes et fume une cigarette.

« La Grasse Matinée »

Un homme pauvre, qui n'a pas mangé depuis trois jours, salive devant la vitrine de chez Potin. Il voit son reflet et, en même temps, ce qui se passe dans le magasin. Il a faim et il se souvient du bruit de l'œuf dur cassé sur le bord d'un comptoir. Deux mondes se déploient et lui ne cesse de rêver d'un bon repas.

« Le Paysage changeur »

Poème qui décrit les conditions de vie des ouvriers, la dureté de leur quotidien, mais qui annonce aussi les temps révolutionnaires et les changements sociaux à venir. C'est un des poèmes les plus engagés de Prévert, celui où il en appelle à un soulèvement des masses.

« L'Effort humain »

Contre les images habituelles représentant l'ouvrier volontaire, fort et heureux, Prévert montre l'extrême dureté de leur destin. La poésie politique et sociale qui se déploie ici est l'occasion d'une attaque du poète contre les pouvoirs politiques, les plus durs (comme la dictature d'Hitler) comme les plus hypocrites.

« Les Belles Familles »

En faisant l'inventaire des « Louis » qui ont régné sur la France, Prévert se moque de leur incapacité à compter jusqu'à 20 et, au passage, tourne au ridicule la monarchie et les grandes familles de la noblesse.

« La Batteuse »

Sous le prétexte d'une invention technologique (la batteuse à grains), Prévert parle de la répétition du travail des ouvriers agricoles, mais aussi de la fête des moissons.

« L'Ordre nouveau »

Un homme vient de poignarder une femme dans une rue. Elle souffre et lui crie « Heil Hitler ! » sous le regard d'un vieillard dont le portrait est accroché dans une boutique calcinée. Ce poème est une grande métaphore de la situation européenne pendant la seconde guerre mondiale, et attaque la violence meurtrière de l'envahisseur allemand, aidé du collaborateur français.

« Composition française »

Court poème qui raille l'image de Napoléon. Prévert y compare la taille de son ventre avec celle de son pouvoir. Jeune, il est maigre et officier d'artillerie. Empereur, il est plus gros et possède plein de pays. Vieux, il est toujours aussi bedonnant, mais a perdu ses territoires.

« L'Éclipse »

Sur le même mode que le précédent, on ramène à sa dimension humaine Louis XIV qui était assis sur une chaise percée.

« Le Discours sur la paix »

Alors qu'il fait un beau discours sur la paix, un chef d'État trébuche et réveille une vieille douleur dentaire. Piqué au vif, il aborde des thèmes plus pragmatiques et parle des problèmes d'argent.

« Le Temps perdu »

Un ouvrier prend conscience du beau temps qui règne à l'extérieur et s'adresse au soleil, regrettant que celui-ci accorde une si belle journée à son patron.

Les oiseaux et la nature

« Fleurs et Couronnes »

Une réflexion poétique sur les noms de fleurs (pensée, lilas, marguerite, hélianthe…) permet à Prévert de s'interroger sur le sens de la nature et sur la place de l'homme.

« Chanson des escargots qui vont à l'enterrement »

Deux escargots vont à l'enterrement d'une feuille morte. Ils portent leurs « habits » de deuil. Leur lenteur les empêche de s'y rendre en temps et en heure : l'automne est fini, c'est déjà le printemps. La nature reprend ses droits, la joie et la fête aussi.

« Les Oiseaux du souci »

L'oiseau (les hirondelles du désespoir) est ici l'occasion d'une métaphore sur la mort de l'être aimé et sur la fin de l'idylle amoureuse.

« Chanson de l'oiseleur »

Différents oiseaux pour autant d'images, servent à parler du « cœur d'une jolie enfant ». Poème tendre et délicat que certains considèrent, à tort, enfantin.

« Pour faire le portrait d'un oiseau »

Certainement le poème le plus connu de Prévert, rendu populaire par les récitations de millions d'enfants. Le poète y décrit, avec beaucoup de délicatesse, comment peindre un oiseau, en commençant par la cage qui l'enfermera, mais disparaîtra ensuite. Car si l'animal se sent attrape, il ne chantera pas et le tableau sera raté.

« Au hasard des oiseaux »

Le poète avoue qu'il a appris sur le tard à aimer les oiseaux. Il les trouve toutefois remarquables. À l'inverse des hommes, pas toujours respectables, leurs plumes, leurs ailes, leurs nids, leurs chants, leurs voyages, leur beauté, leur cœur, leur lumière sont un exemple « poétique » à suivre.

« Salut à l'oiseau »

Ce long poème, au cours duquel le poète s'adresse à un oiseau qu'il aime tout particulièrement (le geai), est l'occasion de brasser beaucoup des thèmes présents dans le recueil : Paris, avec tous les lieux et les rues qui sont cités, l'amour et les amoureux, la nature, les luttes sociales.

Amour, tendresse, tristesse

« Alicante »

Petit poème d'amour (6 vers), peut-être à destination de l'actrice Jacqueline Laurent avec qui Prévert visita la ville espagnole en 1936.

« Pour toi mon amour »

Poème de dix-sept vers sur l'exclusivité et la folie de l'amour. On y parle, avec beaucoup de tendresse toutefois, de l'enchaînement qu'il cause (image des chaînes, de l'esclavagisme…). Poème très oral, il joue sur la répétition des situations.

« Dans ma maison »

Poème qui fonctionne comme une invitation à la femme tant désirée. Le poète décrit ses activités dans cette maison qui ne lui appartient pas, mais dans laquelle il ne rêve que de la voir venir.

« Cet amour »

Poème qui décrit et montre l'attachement d'un amour partagé, d'une histoire que seuls les deux êtres concernés peuvent comprendre. Le poète parle de l'enfermement des amants, de leur exclusivité et de leur passion commune, bêtement, follement, tendrement.

« Déjeuner du matin »

Un homme, le matin, boit du café au lait, fume une cigarette, fait des ronds avec la fumée. Il ignore l'autre qui est dans la pièce, met son chapeau et son manteau de pluie, puis s'en va, probablement définitivement. Une grande tristesse empare alors l'abandonné(e).

« Fille d'acier »

Alors qu'elle était aimée de celui dont elle était éprise, la « fille d'acier » était solide. Maintenant délaissée, elle n'est plus qu'un fil bien léger, qui commence à rouiller.

« Sables mouvants »

En utilisant l'image des vents et de la marée, de la mer en mouvement, Prévert décrit ici de manière métaphorique le charme ravageur d'un regard.

« Immense et rouge »

Petit poème (11 vers) écrit comme une déclaration amoureuse. Au-dessus du Grand Palais, le soleil d'hiver apparaît et disparaît. Le poète compare ce jeu du ciel avec la recherche de l'autre tant aimée.

« Chanson »

Petit poème presque chanté, très rythmé, sur l'amour vécu par deux êtres.

« La Chanson du geôlier »

Le geôlier est celui qui a enfermé son amante au « plus secret de [s]on désir », au risque de rogner sur sa liberté. Alors, il décide, par amour, de la libérer. Il souhaite ainsi la voir heureuse, même si c'est dans les bras d'un autre.

« Premier jour »

Petit poème (10 vers) qui relate la naissance d'un enfant. Chaque vers est une focalisation différente, élargissant l'échelle en partant des « draps blancs » pour aller jusqu'à la nuit qui entoure la ville, avant de retourner vers l'enfant qui vient de naître.

« Chez la fleuriste »

Un homme se présente chez la fleuriste et choisit un bouquet de fleurs. Au moment de payer, il s'écroule, foudroyé par une crise cardiaque. La fleuriste ne sait que faire, devant ce vieil homme qui meurt, les fleurs qui s'abîment et l'argent qui roule par terre.

« Le Jardin »

Description d'un baiser donné et reçu au parc Montsouris. Le temps s'est arrêté, la seconde est devenue éternité.

« Osiris ou la fuite en Égypte »

Deux amants s'arrêtent devant la statue d'Osiris, exposée dans un Louvre déserté. Symboliquement, Osiris, la statue devenue vivante, les marie.

L'école, les bien-pensants, les intellectuels

« L'Accent grave »

Dans ce poème, qui est en fait un dialogue entre un professeur et l'élève Hamlet, Prévert reprend la célèbre réplique de la pièce de Shakespeare (« être ou ne pas être, telle est la question ») pour tourner à l'absurde une récitation de conjugaison dans une école. Sans être un cancre, l'élève n'est pas apprécié par l'instituteur, ce qui ne l'empêche pas d'être philosophe à sa façon.

« Le Cancre »

Poème court, très oral, où le poète penche du côté du cancre, de son peu de conformisme et de son envie affichée de bonheur.

« La Lessive »

Prévert y tourne en ridicule la bourgeoisie par cette famille qui ne parvient pas à « laver son linge sale ». C'est la jeune fille, enceinte (probablement hors mariage) qui pose problème. La fille meurt, mais le bourgeois (un élu local) garde bonne figure.

« Page d'écriture »

Un professeur, un cancre, une leçon de calcul rébarbative. L'enfant se libère en voyant passer, puis en accueillant un oiseau-lyre et, au risque de dissiper ses camarades, écoute son chant. Le professeur est en colère, mais l'école disparaît quand tous les enfants suivent le « pitre ».

« Le Droit Chemin »

Poème extrêmement court (4 vers) où Prévert fustige le conformisme de l'éducation, où les vieillards imposent la « bonne » route à leurs enfants.

« Il ne faut pas... »

Dans ce poème, Prévert tourne les mots et les convenances pour attaquer l'intellectualisme et les intellectuels qui ne sont pas, selon le poète, aussi brillants qu'on le prétend, travaillent de façon arbitraire et mentent à tour de bras.

L'ami Picasso

« Promenade de Picasso »

Ce poème est l'occasion pour Prévert de montrer tout le respect qu'il porte à la peinture de Pablo Picasso et de clamer son amitié pour le peintre. On suit un peintre qui tente de faire un portrait réaliste d'une pomme. Il est contraint par la tradition et par une série d'images parmi lesquels il ne peut choisir. Le peintre s'endort, Picasso passe et mange la pomme.

« Lanterne magique de Picasso »

En faisant l'inventaire des images convoquées dans la peinture de Picasso, Prévert décrit et montre la beauté de l'art du peintre espagnol.

LES RAISONS
DU SUCCÈS

La poésie a longtemps négligé le quotidien, ses affres et sa beauté intrinsèque. Jusqu'au début du XXe siècle, on rejette la banalité pour s'évader, par l'écriture, vers un imaginaire imagé, mais surtout au-dessus du commun des mortels. Les poètes sont alors des êtres hors du commun, plus proches d'une Vérité qu'ils expriment et rendent accessibles par l'art. Les plus grands poètes (Baudelaire, Lamartine, Mallarmé, Rimbaud…) ont longtemps entretenu ce monde particulier où évoluent les plus grands artistes, au risque de se couper des problèmes du peuple. Celui-ci n'a d'ailleurs que peu accès à la lecture et la littérature est encore, à l'orée du XXe siècle, réservée à une élite. L'alphabétisation progressive de la France va changer cela, aidée par des poètes qui vont de plus en plus prendre comme sujet des problèmes qui appartiennent au plus grand nombre. Les surréalistes, d'abord, rejette une écriture académique et la fixité des images poétiques. Si la guerre a définitivement impliqué cette génération dans une problématique commune, ils ne se tournent toutefois pas du côté du quotidien. La poésie reste pour eux l'expression d'un phénomène particulier et singulier que l'on classe généralement sous la définition de l'art. Pour eux, le sujet principal reste l'inconscient, l'intérieur profond de l'être qui renferme un discours que seule la poésie pourra exprimer

Incités par le contexte « bouillonnant » des années 1930 (les luttes sociales, l'entre-deux-guerres), des écrivains vont toutefois s'intéresser de près au quotidien et chercher à en relayer la poésie. Jacques Prévert est certainement l'un des précurseurs de ce « mouvement » qui, d'ailleurs, n'en est pas vraiment un. René Guy Cadou, mais surtout Boris Vian (*L'Écume des jours*, 1947) et Raymond Queneau (*Zazie dans le métro*, 1959) l'aideront à obtenir ses lettres de noblesse.

Le quotidien est partout dans l'œuvre de Prévert. Il est peu de dire qu'il puise son inspiration dans l'existence de tous les jours. Fustigeant l'intellectualisme (« Il ne faut pas… »), mais aussi toute forme d'éducation entendue comme une contrainte, ou comme un accès à l'émerveillement et au bonheur (« Le cancre »), il loge tout le monde à la même enseigne, les puissants comme les pauvres, les messies comme le peuple (« La Cène »). Il s'intéresse à la vie des humbles (« Le temps perdu »), au bonheur tranquille des amoureux (« Pour toi mon amour ») et aux scènes de rue (« J'en ai vu plusieurs… »). Dans ces poèmes les plus engagés, il prend comme sujet le travail (« L'Effort humain », « La Fleuriste »), alors qu'il a pendant longtemps été considéré comme un thème profondément antipoétique.

La forme respecte elle aussi ce désir de restitution du quotidien. On s'approche souvent du dialogue (« L'Accent grave ») ou de la chanson populaire (« Barbara »), l'argot ou une langue résolument oralisée sont à maintes reprises utilisés. Les formes sont volontairement simples et aident à la mémorisation des vers, comme une comptine qu'on se répétait étant enfant. Les vers sont libres et Prévert remplace souvent les rimes par des assonances, afin de jouer sur les rythmes et de rapprocher sa diction de la phrase.

Prévert ne se limite toutefois pas à une restitution pure et simple du quotidien. Il cherche, par la fantaisie (« Quartier libre »), par l'image (« Les Oiseaux du souci ») et par un ton affectif (« Déjeuner du matin »), voire pathétique (« La Belle Saison ») à en relever la beauté. Les poèmes sur les oiseaux et sur le rôle de la nature vont en ce sens : on s'étonne de ce que le monde offre de plus extraordinaire. Prévert semble aussi glorifier un amour simple, fait d'une histoire entre deux êtres qui s'aiment (« Cet amour »), se regardent, s'embrassent et se désirent, parfois se quittent (« Rue de Seine »). Voilà autant de moments que chacun d'entre nous peut vivre à tout instant…

LES THÈMES PRINCIPAUX

La révolte est partout dans *Paroles* et exprime au plus haut point la lutte de Prévert contre tout ce qui opprime le peuple, tout ce qui menace la liberté, le rêve, l'imagination, l'amour : l'accès au bonheur. On peut le voir dans presque tous les thèmes que peut aborder le recueil : Prévert est proche des humbles et se montre solidaire envers les victimes de l'injustice sociale (« La Grasse Matinée »). S'il se fait souvent anticlérical (« Pater Noster »), attaque la hiérarchie militaire (« L'Amiral ») et les bêtises de la guerre (« L'Épopée ») ou encore le carriérisme politicien (« Tentative de description d'un dîner de têtes à Paris-France »), c'est pour s'opposer à toute forme d'autorité et d'entrave au bonheur, mais aussi parce que l'autorité prend toujours comme victime le même ouvrier, le même paysan, le même petit commerçant ou démuni. Face au spectacle du monde, devant la beauté du paysage qu'il faut savoir apprécier à sa juste valeur (« Au hasard des oiseaux »), mais aussi devant l'amour ou la mort (« Familiale »), nous sommes tous égaux, aussi puissants que nous puissions être (« L'Éclipse »).

La poésie de Prévert est plus frondeuse et ironique que réellement subversive. Certes, le contexte le pousse parfois à dresser des portraits particulièrement sombres de son époque. Les poèmes du temps de guerre sont évidemment les plus enclins à la dénonciation de la violence et des extrémismes qui ne cessent de s'exprimer partout en Europe : « L'Ordre nouveau », « L'Effort humain », « Barbara », voire « La Crosse en l'air » en sont certainement les exemples les plus probants. Sur un autre sujet, il arrive au poète d'en appeler à une révolution sociale, à un soulèvement des masses dans le but d'améliorer le quotidien de chacun, comme dans ce poème explicite qu'est « Le Paysage changeur ». Si elle est parfois teintée d'ironie tragique (« La Lessive »), la poésie de Prévert est avant tout moqueuse et souhaite tourner en ridicule les valeurs consacrées (« Souvenirs de famille ou l'ange garde-chiourme »), les « grands hommes » (« Les Belles Familles », « Le Grand Homme »), les gloires nationales (« Composition française ») d'une bourgeoisie qui, dans les années 1930, est majoritairement favorable au clergé, militariste, voire colonialiste. Il invite donc le lecteur à ne pas suivre des modèles tout fait et à tracer sa propre voie dans le monde (« Le droit chemin »).

Prévert ne se borne pas à dénoncer : il propose un monde idéal. Il souhaite une société où les arbres, les enfants, les oiseaux, les amoureux, les peintres, les ouvriers vivraient en parfaite harmonie au sein d'une nature accueillante et d'une ville qui ressemblerait un peu aux villages d'autrefois, le tout agrémenté d'une touche de fantaisie, voire de surréalisme (« Dimanche »). Ainsi, Prévert présente un Paris vivant populaire (« Salut à l'oiseau »), en y ajoutant parfois de la nostalgie (« La rue de Buci maintenant… »). *Paroles* s'apparente donc quelquefois à une ode à la fête, à la joie vive et sensible, aux réunions fraternelles, comme dans « Fête foraine » ou « La Batteuse ». Il est vrai que cette poésie où les méchants sont des nantis et où les pauvres sont gentils frise parfois le populisme. Toutefois, l'anticonformisme affiché et la volonté de s'impliquer par la poésie dans les questions de son temps font de Prévert un poète engagé et proche du peuple. Son goût de la fantaisie verbale (« Chanson », « Les Paris stupides », « Le Message », « Vous allez voir ce que vous allez voir »…) et de l'humour noir (« L'Orgue de Barbarie ») relaie parfaitement sa position et a très certainement le plus participé à son succès dans les années 1930, mais aussi plus tard, dès lors que le recueil sortira en librairie.

ÉTUDE DU MOUVEMENT LITTÉRAIRE

Sans être resté dans son giron très longtemps, Prévert appartient à la constellation surréaliste. Bien sûr, il serait hasardeux de dire que sa poésie est fondée sur une réflexion qui met en avant l'inconscient et le chaos du monde intérieur dont l'expression peut, seule, donner une idée de la totalité de l'être. Toutefois, on retrouve chez lui un même refus des convenances, un même goût pour la moquerie et l'ironie, l'idée d'une limite de la raison et le besoin vital d'une expression des sens. Ce qui les sépare tient bien au refus de Prévert de se plier à tout discours théorique et à toute réflexion générale sur les arts : il ne faut pas répondre à des conventions par d'autres conventions, ce qui fait de lui un harangueur de foule plutôt qu'un véritable révolutionnaire.

La poésie de *Paroles*, comme celle de ses contemporains, se veut extrêmement libre. En dehors de tout académisme, en dehors de tout lyrisme solennel, les vers ne donnent pas l'air d'être calculés et s'approchent d'autant plus de la langue parlée. Dans cette dynamique d'écriture, il est clair que Prévert fait figure de jusqu'au-boutiste, favorisant l'oralité et sa poésie intrinsèque aux dépens d'un style normé. Mieux encore, son expérience dans le cinéma (et notamment dans la rédaction de dialogues) et dans la chanson font que ses textes se prêtent davantage à la récitation, à la déclamation, qu'à la lecture silencieuse. Prévert aimait au plus haut point partager et cela se ressent dans la forme de ses poèmes.

Libre dans sa forme et dans son propos, sa poésie est surtout extrêmement imagée. On retrouve là aussi un héritage des surréalistes. Autant que des poètes (Breton, Soupault, Aragon, Éluard…), son influence trouve sa source dans les peintres de son temps qui, eux aussi, font de l'indu, de la fantaisie ou de la destruction d'images d'Épinal une véritable ligne esthétique. À la fin de son recueil, Prévert défend à deux reprises la peinture surréaliste (en tout cas qui n'est pas réaliste ou naturaliste) de son ami Pablo Picasso (« Promenade de Picasso » et « Lanterne magique de Picasso). Il serait aussi aisé de rapprocher, par exemple, son jeune militaire coiffé d'un oiseau (« Quartier libre ») de certains personnages « loufoques » extraits des œuvres de Picabia (*L'Adoration du veau*), de Max Ernst (*La Femme chancelante*) ou de Salvator Dalí (*L'Angelus*). Oui, dans ses poèmes, Prévert effectue déjà des collages : il prend dans le quotidien des images qu'il assemble pour leur faire dire autre chose. Voilà une posture très surréaliste et qui sert la liberté du poète.

Le succès de *Paroles* tient en ceci que l'écriture est très contemporaine. Proche des surréalistes qui élaborent un style neuf et libéré de tout académisme, il parvient, dans ce contexte, à creuser son propre sillon et à délivrer une poésie orale, influencée par les chansons et par les discussions de tous les jours. Surtout, son propos et ses formules presque enfantines font de lui un auteur en dehors des discours théoriques qui sont l'apanage de ce siècle de développement de la critique littéraire : il est « abordable » pour le grand public, c'est-à-dire populaire, dans le sens noble du terme. Certains ont refusé d'accorder le statut de poète à Prévert. Même lui n'était pas sûr de vouloir en assumer le titre. Il est vrai que ces textes n'en portent pas toujours les atours. Mais son phrasé ciselé et ses formules qui s'inscrivent à la première lecture dans nos mémoires ne sont pas sans rappeler une poésie vagabonde, presque d'un autre temps. Pourtant, la poésie de Prévert est bien de son époque. Pour preuve l'engagement qu'elle déclame et qui nous rappelle que la poésie n'est pas qu'un art d'écrire : c'est aussi un art de vivre.

DANS LA MÊME COLLECTION
(par ordre alphabétique)

- **Anonyme**, *La Farce de Maître Pathelin*
- **Anouilh**, *Antigone*
- **Aragon**, *Aurélien*
- **Aragon**, *Le Paysan de Paris*
- **Austen**, *Raison et Sentiments*
- **Balzac**, *Illusions perdues*
- **Balzac**, *La Femme de trente ans*
- **Balzac**, *Le Colonel Chabert*
- **Balzac**, *Le Lys dans la vallée*
- **Balzac**, *Le Père Goriot*
- **Barbey d'Aurevilly**, *L'Ensorcelée*
- **Barbey d'Aurevilly**, *Les Diaboliques*
- **Bataille**, *Ma mère*
- **Baudelaire**, *Les Fleurs du Mal*
- **Baudelaire**, *Petits poèmes en prose*
- **Beaumarchais**, *Le Barbier de Séville*
- **Beaumarchais**, *Le Mariage de Figaro*
- **Beauvoir**, *Mémoires d'une jeune fille rangée*
- **Beckett**, *En attendant Godot*
- **Beckett**, *Fin de partie*
- **Brecht**, *La Noce*
- **Brecht**, *La Résistible ascension d'Arturo Ui*
- **Brecht**, *Mère Courage et ses enfants*
- **Breton**, *Nadja*
- **Brontë**, *Jane Eyre*
- **Camus**, *L'Étranger*
- **Carroll**, *Alice au pays des merveilles*
- **Céline**, *Mort à crédit*

- **Céline**, *Voyage au bout de la nuit*
- **Chateaubriand**, *Atala*
- **Chateaubriand**, *René*
- **Chrétien de Troyes**, *Perceval*
- **Cocteau**, *La Machine infernale*
- **Cocteau**, *Les Enfants terribles*
- **Colette**, *Le Blé en herbe*
- **Corneille**, *Le Cid*
- **Crébillon fils**, *Les Égarements du cœur et de l'esprit*
- **Defoe**, *Robinson Crusoé*
- **Dickens**, *Oliver Twist*
- **Du Bellay**, *Les Regrets*
- **Dumas**, *Henri III et sa cour*
- **Duras**, *L'Amant*
- **Duras**, *La Pluie d'été*
- **Duras**, *Un barrage contre le Pacifique*
- **Euripide**, *Iphigénie à Aulis*
- **Euripide**, *Les Troyennes*
- **Euripide**, *Médée*
- **Flaubert**, *Bouvard et Pécuchet*
- **Flaubert**, *L'Éducation sentimentale*
- **Flaubert**, *Madame Bovary*
- **Flaubert**, *Salammbô*
- **Gary**, *La Vie devant soi*
- **Giraudoux**, *Électre*
- **Giraudoux**, *La Guerre de Troie n'aura pas lieu*
- **Gogol**, *Le Mariage*
- **Homère**, *L'Odyssée*
- **Hugo**, *Hernani*
- **Hugo**, *Les Misérables*
- **Hugo**, *Notre-Dame de Paris*
- **Huxley**, *Le Meilleur des mondes*
- **Jaccottet**, *À la lumière d'hiver*

- **James**, *Une vie à Londres*
- **Jarry**, *Ubu roi*
- **Kafka**, *La Métamorphose*
- **Kerouac**, *Sur la route*
- **Kessel**, *Le Lion*
- **La Fayette**, *La Princesse de Clèves*
- **Le Clézio**, *Mondo et autres histoires*
- **Levi**, *Si c'est un homme*
- **London**, *Croc-Blanc*
- **London**, *L'Appel de la forêt*
- **Maupassant**, *Boule de suif*
- **Maupassant**, *Le Horla*
- **Maupassant**, *Une vie*
- **Molière**, *Amphitryon*
- **Molière**, *Dom Juan*
- **Molière**, *L'Avare*
- **Molière**, *Le Malade imaginaire*
- **Molière**, *Le Tartuffe*
- **Molière**, *Les Fourberies de Scapin*
- **Musset**, *Les Caprices de Marianne*
- **Musset**, *Lorenzaccio*
- **Musset**, *On ne badine pas avec l'amour*
- **Perec**, *La Disparition*
- **Perec**, *Les Choses*
- **Perrault**, *Contes*
- **Prévost**, *Manon Lescaut*
- **Proust**, *À l'ombre des jeunes filles en fleurs*
- **Proust**, *Albertine disparue*
- **Proust**, *Du côté de chez Swann*
- **Proust**, *Le Côté de Guermantes*
- **Proust**, *Le Temps retrouvé*
- **Proust**, *Sodome et Gomorrhe*
- **Proust**, *Un amour de Swann*

- **Queneau**, *Exercices de style*
- **Quignard**, *Tous les matins du monde*
- **Rabelais**, *Gargantua*
- **Rabelais**, *Pantagruel*
- **Racine**, *Andromaque*
- **Racine**, *Bérénice*
- **Racine**, *Britannicus*
- **Racine**, *Phèdre*
- **Renard**, *Poil de carotte*
- **Rimbaud**, *Une saison en enfer*
- **Sagan**, *Bonjour tristesse*
- **Saint-Exupéry**, *Le Petit Prince*
- **Sarraute**, *Enfance*
- **Sarraute**, *Tropismes*
- **Sartre**, *Huis clos*
- **Sartre**, *La Nausée*
- **Senghor**, *La Belle histoire de Leuk-le-lièvre*
- **Shakespeare**, *Roméo et Juliette*
- **Steinbeck**, *Les Raisins de la colère*
- **Stendhal**, *La Chartreuse de Parme*
- **Stendhal**, *Le Rouge et le Noir*
- **Verlaine**, *Romances sans paroles*
- **Verne**, *Une ville flottante*
- **Verne**, *Voyage au centre de la Terre*
- **Vian**, *J'irai cracher sur vos tombes*
- **Vian**, *L'Arrache-cœur*
- **Vian**, *L'Écume des jours*
- **Voltaire**, *Candide*
- **Voltaire**, *Micromégas*
- **Zola**, *Au Bonheur des Dames*
- **Zola**, *Germinal*
- **Zola**, *L'Argent*
- **Zola**, *L'Assommoir*

- **Zola**, *La Bête humaine*
- **Zola**, *Nana*
- **Zola**, *Pot-Bouille*